AF236226

Der kleine Prinz Corona

Die Transformation

Lilith Ami

Ich widme dieses Buch allen Menschen,
die mit ihrem Herzen sehen

und die Welt damit zu
einem schöneren Ort machen!

Lilith Ami

Der kleine Prinz Corona

Wie innen, so außen!

Die Transformation beginnt!

Bibliografische Information der Deutschen
Nationalbibliothek:

Die Deutsche Nationalbibliothek verzeichnet diese
Publikation in der Deutschen Nationalbibliografie;
detaillierte bibliografische Daten sind im Internet über
http://dnb.dnb.de abrufbar.

Herstellung und Verlag: BoD – Books on Demand,
NorderstedtISBN: 9783753427034

Ergänzung

Nach mehrfachem Wunsch, bringe ich diese Zeilen nun auch in Buchform heraus.

Als E- Book ist es bereits seit 06. April 2020 erhältlich.

Heute vor zirka einem Jahr, genauer gesagt am 21.März 2020, am Tag der Tages- und Nachtgleiche, brachte ich diese Zeilen zu Papier. Ich schrieb die halbe Nacht, bis es fertig war, aber mehr dazu im Buch selbst.

Ich habe das Buch genau so belassen, wie es war/ ist. Die Situation im Außen oder dein persönliches Märchen mag sich in der Zwischenzeit vielleicht verändert haben, oder es trifft es mehr denn je. Wie auch immer, ich möchte dich dazu anregen, deine persönliche Sichtweise, dein eigenes Märchen zu sehen, damit es dir hilft, vieles im Außen anders zu sehen.

Die Meinungen im Außen gehen im Moment sehr weit auseinander, jeder lebt seine persönliche Wahrheit und fühlt sich oft angegriffen, wenn andere Leute eine andere Meinung haben.

Wenn wir aber verstehen, warum unser „Außen" eine andere Wahrheit trägt, als die eines anderen Menschen, können wir auch unsere Mitmenschen besser verstehen.

Es ist eine Zeit der Herausforderung aber auch eine Zeit großer Möglichkeiten. Was wir daraus machen, liegt jedoch immer an uns selbst.

Auch wenn wir unterschiedliche Meinungen haben, im Grunde wollen wir alle das Gleiche, nur eben auf unterschiedlichen Wegen und das darf auch so sein. Genau so sind wir geboren, jeder mit seiner eigenen Mission und Bestimmung, die er in die Welt tragen möchte. Jeder bekam seine persönliche Rolle und dabei gibt es kein Gut oder Böse, vielleicht gibt es ein „Anders", aber der Kern bleibt in jedem Menschen der gleiche!

Wenn wir uns wieder auf Herzebene begegnen, auch wenn wir unterschiedliche Meinungen haben, können wir die Welt retten. Miteinander statt gegeneinander! Jeder darf so sein, wie er ist.

Wenn wir bei uns bleiben, uns selbst verändern, anstatt von unserem Gegenüber zu erwarten, dass er sich ändert. Wenn wir niemanden versuchen unsere persönliche Wahrheit aufs Auge zu drücken(außer er/sie möchte unsere Sichtweise hören), sondern einfach akzeptieren, dass es unterschiedliche Bewusstseinszustände gibt, macht es nicht nur das Leben einfacher und leichter, sondern auch liebevoller.

In diesem Sinne wünsche ich euch viel Freude beim Lesen meiner Zeilen und eine erkenntnisreiche Zeit.

Eure Lilith

Inhaltsverzeichnis

WARUM ICH DIESES BUCH SCHREIBE

Auch, wenn das jetzt etwas seltsam klingt, aber ich wurde dazu aufgefordert diese Zeilen zu schreiben.

Nein, es erschien mir keine Lichtgestalt und ich wurde nachts weder von einer Stimme gerufen, noch hatte ich einen merkwürdigen Traum, auch sonst keine Zauberei.

Ganz langweilig und einfach, die Stimme in mir, ließ mir einfach keine Ruhe und wollte, dass ich schreibe ☺

Also nahm ich Stift und Papier und habe geschrieben, bis ich fertig war. Die Worte kamen irgendwie durch mich hindurch und ich versuchte in dieser Frequenz zu bleiben.

Ich habe keine Ahnung, ob ich mit meinen Worten etwas bewirken werde, aber wenn ich es nicht probiere, dann ganz bestimmt nicht.

Ich habe mich für die persönliche „Du" Form entschieden, weil ich es herzlicher finde <3.

Warum ich ein Pseudonym gewählt habe? Das weiß ich auch nicht, es kam ebenfalls durch mich hindurch.

Es ist die Kraft in uns, die Botschaften nach außen bringen möchte, manchmal sind es einfache Botschaften, ein anderes Mal etwas speziellere.

So ließ ich es einfach geschehen und übergab Lilith die innere Führung. Es ist die weibliche Urkraft in uns, die gesehen werden möchte.

Warum ein Märchen? Weil ich Märchen immer schon mochte. Sie haben diese besondere Energie und versprühen einen Zauber, der einem wissen lässt, dass alles gut wird. Außerdem trägt jedes Märchen versteckte Botschaften in sich - man muss sie nur erkennen.

Damit ihr trotzdem kurz bescheid wisst, wer ich bin oder formulieren wir es anders, was mein Menschlein glaubt zu sein ;)

Ich bin mentale und mediale Beraterin der Menschheit und unterstütze sie dabei, ihre Energien in sich selbst wieder zu entdecken, zu spüren und zu lenken, um in ihre vollkommene Kraft zu kommen.

…mehr ist im Moment nicht wichtig ;)

Vorwort

DIE ZEIT DER QUARANTÄNE

Die derzeitige Situation ist für uns alle eine große Herausforderung. Für jeden Einzelnen auf eine andere Art und Weise.

Es ist jedoch auch eine sehr große Chance für uns, endlich aus unserem Hamsterrad auszusteigen. Erkennen was wirklich wichtig ist, Zeit für sich und seine Familie zu haben, oder um zu erkennen, dass uns das Leben so viel mehr bietet.

Einige, so wie ich, spürten schon davor, dass eine große Veränderung auf uns zu kommen würde.

Ich möchte euch kurz erzählen, wie es mir selbst ergangen ist. Vielleicht könnt ihr dann manches besser verstehen.

MEINE SITUATION

Das Ganze begann bereits im Dezember......

Ich zelebriere seit einigen Jahren, die Zeit der Rauhnächte sehr intensiv, lasse das Jahr revue passieren, schreibe einen Dankesbrief, arbeite an meiner Ahnenreihe, sehe mir alte Glaubensätze an und setze mir neue Ziele.

Kurz gesagt, ich halte einfach die Zeit an und ziehe Bilanz über mein Leben.

Dieses Mal hatte ich zuvor auch noch an einer 30-tägigen Challenge teilgenommen. Dabei ging es um Ahnenthemen, Blockaden lösen und den Wohlstand in sein Leben einzuladen, „kann ja nicht schaden", dachte ich mir ;)

Während dieser Zeit war alles relativ still, bis auf ein paar kleine Ausnahmen. Doch irgendwie war es anders, als in den vergangenen Jahren. Ich hatte auch ein Gefühl in mir, dass sich vieles ändern würde. Ich kann euch nicht sagen woher, aber ich wusste es einfach. Manche sagen Intuition dazu ;)

Die Tore der Rauhnächte schlossen sich und die Veränderung begann. Mein Geschäft lief von Tag zu Tag immer besser, meine Kurse wurden noch mehr angenommen und es eröffneten sich Möglichkeiten und Chancen, die ich zuvor nicht gesehen hatte.

Also alles auf dem besten Wege, zu Reichtum und Wohlstand ;)

Doch dann kam der Stillstand, oder sagen wir beinahe Stillstand.

So wenige Termine hatte ich schon lange nicht mehr, auch Kurse fanden kaum statt und bereits ausgemachte Termine wurden abgesagt.

Ich dachte nach, was ich anders gemacht hätte oder wo meine Denkfehler lagen, jedoch kam ich nicht darauf.

Da wusste ich noch nicht, dass dies so kommen musste, denn ich brauchte Zeit für mich selbst.

Ich fiel plötzlich in ein tiefes Loch und hatte ziemlich mit mir selbst zu kämpfen. Ein Zustand, den ich schon seit sehr langer Zeit nicht mehr hatte. Ich fühlte mich stets wohl in meiner Haut, auch wenn die äußeren Umstände nicht immer so waren, wie ich sie gerne gehabt hätte, aber das änderte nichts an meiner Lebenseinstellung und meinen Glücksgefühlen. Natürlich hatte ich auch Tage, an denen ich mich nicht so gut fühlte, trotzdem war ich in meiner Mitte und gut geerdet.

Das alles war wie weggeblasen. Ich hatte Zustände in mir, die kann ich kaum in Worte fassen. Ängste aus längst vergangener Zeit aber auch Ängste, die mir unbekannt waren. Diese Ängste mussten tief aus meiner Ahnenreihe kommen, denn es waren Ängste des Krieges und des Überlebens. Ich hatte sogar innere Bilder dazu. Am Abend war es besonders schlimm.

Ich konnte die Energien im „Feld" so stark
wahrnehmen, sie waren voller Unsicherheit
und Ängsten.

Ich wusste aber auch, dass ich da durch musste. Also
zog ich mich so gut es ging zurück und gab mir selbst
die Zeit, die ich brauchte.

Das war auch die Zeit, in der ich zu reflektieren
begann. Ich sah mir meine Außenwelt an und
versuchte sie in meiner Innenwelt zu erkennen. Ich
war gnadenlos ehrlich zu mir selbst.

Teilweise musste ich aufpassen, dass ich nicht
schizophren wurde, weil ich innere Dialoge führte, die
fast eine Art Eigendynamik entwickelten.

Ich stellte mein ganzes Leben auf den Kopf und
reflektierte.

Dieser ganze Prozess dauerte zirka 10-14 Tage, eine
Woche davon sehr intensiv.

Danach spürte ich das erste Mal, wieder dieses
Glücksgefühl in mir.

Ich kann es kaum beschreiben, wie unsagbar dankbar
ich war. Wenn etwas so selbstverständlich da ist und
dann fehlt es plötzlich, kann man es umso mehr
schätzen, wenn es wieder da ist.

Ich war wieder vollkommen in meiner Mitte - ich
glaube fast noch mehr, als zuvor.

Das alles geschah noch, bevor wir wussten, dass wir zu Hause bleiben müssen und unsere Existenz am Spiel stehen würde. (zumindest in meinem Fall)

Dafür bin ich sehr dankbar, denn so kann ich diese Zeit nützen, um all meine Erkenntnisse, meiner Reflektionen, nach und nach, zu transformieren, anzusehen und umzusetzen.

Ich erkenne die wahre Chance dieser Zeit und möchte meine Gedanken einfach mit euch teilen, um vielleicht den einen oder anderen zum Umdenken anzuregen.

DIE DERZEITIGE SITUATION VIELER MENSCHEN

Sehr viele Menschen wissen im Moment nicht, was sie glauben sollen und was nicht. Zahlreiche Videos und Berichte sind im Umlauf, manche warnen vor der schrecklichen Krankheit und dass immer mehr Menschen sterben würden. Viele andere behaupten, dass alles nur erfunden sei. Natürliche Heilmittel, die diese Krankheit heilen könnten, werden vom Markt gezogen, dafür würden Mitteln der Pharmaindustrie die Symptome verstärken. Hauptgrund der Sterberate, das 5G Netz, andere behaupten, das könne man so nicht sagen. Ganz zu schweigen von den ganzen anderen Hintergründen, die im Umlauf sind. Was entspricht der Wahrheit, was wird uns eingeredet, was läuft im Hintergrund wirklich ab? Was wollen sie damit bezwecken? Wird das Finanzsystem zusammenbrechen? Wie gefährlich ist die Krankheit

wirklich? Wie geht es danach weiter und vieles mehr.
Fragen über Fragen!

AUFKLÄRUNG

Ich kann diese Fragen auch nicht beantworten, denn
jeder hat seine ganz persönliche Ansicht.

Und dabei ist es vollkommen egal, ob ich auf der Seite
der Medien oder der Seite der angeblichen
„Verschwörer" bin. Beides trägt die gleiche Energie in
sich, beide Seiten wollen die Menschen belehren und
auffordern zu handeln. Die einen kämpfen gegen die
Pharma, die anderen beschimpfen die Impfgegner, sie
wären unverantwortlich. Andere jedoch glauben, sie
müssten die Welt retten und stellen einen
Aufklärungsbericht nach dem anderen ins Netz. Was
wiederum manche Menschen in Panik versetzt. Nicht
jeder kann Informationen auf die gleiche Art
verarbeiten. Was nicht bemerkt wird, egal für welche
Seite man „kämpft", es bleibt ein Kampf.
Ein Kampf gegen sich selbst. Unsere eigenen Muster
und Verstrickungen lassen uns kämpfen.

„Die Welt ist böse, ich muss die Menschen warnen."
Oder: „Ich werde sterben und die anderen sind schuld,
weil sie nicht *brav* sind." (zu Hause bleiben)
„Man muss tun, was einem die *Eltern* sagen."

Jeder trägt seine eigenen Glaubenssätze/Ängste in sich und glaubt dadurch im Recht zu sein.

„ Aber für die gute Seite darf man doch kämpfen, oder?"
Was ist die gute Seite, was die schlechte? Wenn etwas im Kampf ist, dann ist es nicht in der Liebe.
Wir kämpfen schon viel zu lange. Es wird Zeit, damit aufzuhören! Unser Ego will kämpfen, aber das Herz wählt den Frieden.

Zum kämpfen braucht es zwei, für Frieden nur einen!

Viele Menschen glauben im Moment, besser informiert zu sein, als andere. Sie wüssten die wahren Hintergründe dieser Welt und was passieren wird. Sie glauben zu wissen, wie die Welt funktioniert.

Damit sind sie aber mit ihrer Energie in der Außenwelt gefangen, sie glauben die Welt im Außen zu kennen aber ihre Welt im Innen, sehen sie nicht. Sie glauben zwar alles über sich selbst zu wissen und wie sie mit Situationen umgehen müssten, doch leider entspricht das sehr oft, nicht der Wahrheit. Denn dann wüssten sie, dass sich ihre Innenwelt, gerade vor ihrer Nase abspielt.

Zu provokativ? Nein, nur die Wahrheit lässt frei. Und es gibt nur eine absolute Wahrheit. Und das ist die Liebe!! Alles was nicht der Liebe entspringt, sind relative Wahrheiten und werden vom Ego gesteuert.

Der kleine Prinz Corona

Die Transformation

Eine kleine Aufwachgeschichte!

ES IST EINMAL

In jener Zeit, in der Farmerzier und Pilitoker die Welt beherrschten, waren die Menschen in einem Zustand, den nannte man Schlafwandel.

Sie waren in einen tiefen Schlaf gefallen! Ihre Körper bewegten sich zwar und ihre Augen waren geöffnet, doch sie schliefen und träumten.

Manche von ihnen hatten einen Traum von schöneren und besseren Zeiten, andere von ihrer Vergangenheit, wie gut es ihnen damals nicht ginge und wieder andere vom Prinzen, der sie endlich wach küsste. Doch sie alle hatten eines gemeinsam, sie träumten immer von etwas, dass sie nicht hatten. Sie waren nicht unglücklich aber von glücklich weit entfernt.

Dafür gaben sie immer anderen Menschen und Umständen die Schuld. Auch glaubten sie zu wissen, wie andere zu leben hätten oder wie sie sich verändern müssten, damit sie gut in ihren Traum passen würden. „Wenn" und „aber" waren ihre Zauberwörter, die sie in ihrem Traum gefangen hielten. Sie bemerkten nicht, dass sie selbst für ihr Leben verantwortlich waren, sie würden zwar nicht alle Umstände ändern können, doch wären sie wach, könnten sie ihre Lebenseinstellungen ändern. Auch andere Menschen akzeptieren, wie sie sind und sich um ihre eigenen Glückszustände kümmern.

Kurz gesagt sie, würden nicht mehr ihr Leben träumen, sondern endlich ihren Traum zum Leben erwecken.

Dieser Zustand herrschte auf der Erde seit mehreren hundert Jahren.

Doch die Erlösung stand kurz davor. Zu Beginn des neuen Zeitalters, sollten die ersten Menschen aus ihrem Schlaf erwachen. Es waren zwar zuvor auch immer wieder Menschen zum Leben erwacht, doch diese wussten, dass es noch zu früh war, die anderen zu wecken, also warteten sie bis dieser Zauber vorbei war. Sie hielten ihr Wissen jedoch in Büchern und Schriften fest um so den Menschen zu einem anderen Zeitpunkt dienlich zu sein.

Diese Bücher und Schriften wurden verschlüsselt, niedergeschrieben und nur erwachte Menschen hatten die Fähigkeit, diese zu verstehen. Schlafende Menschen glaubten, darin einfach eine Geschichte zu lesen.

Endlich war sie gekommen, die lang ersehnte Zeit! Die ersten Menschen wurden wachgerüttelt und kamen zu „Bewusstsein"! Sie konnten es kaum fassen, dass sie all die Jahre so tief geschlafen hatten, um das alles nicht wirklich mitzubekommen. Sie begriffen aber recht schnell, dass dies eben im Schlaf nicht möglich war.

Sie wurden eingeweiht in das allumfassende Wissen, in besondere Techniken und Heilverfahren. So konnten sie die Menschen auf der Erde dabei unterstützen, ihr Wachbewusstsein zu erlangen.

Es war keine einfache Aufgabe, denn viele dieser schlafenden Menschen, wollten gar nicht geweckt werden. Sie dachten nämlich, sie würden gar nicht schlafen und erklärten deshalb die erwachten Menschen für verrückt.

Ja das waren sie tatsächlich, ver-rückt! Aus dem Schlafbewusstsein ins Wachbewusstsein.

Die erwachten Menschen bekamen natürlich Hilfe aus der geistigen Welt und auch Mutter Erde half mit, indem sie ihre Schwingung erhöhte. Doch das konnte sie nur ganz langsam, da die Menschen sonst zu hart aus ihren Träumen gerissen werden würden.

DIE EINSIEDLER DIESER ZEIT

Es gab mehrere Menschengruppen.

Die Gruppe der *Marionetten,* waren die Menschen, die noch vollkommen schliefen. Sie nahmen brav ihre „Schlaftmittel" und ließen sich so, von der Gruppe der Medianer sehr beeinflussen. Die Marionetten waren sehr leicht manipulierbar und steuerbar, weil sie kaum Eigenständigkeit besaßen. In ihrem Schlafzustand konnten sie das nicht erkennen und waren daher die Lieblingsgruppe der Farmerzier und Pilitoker. Die Marionetten blieben mit ihrer Energie in der alten Zeit gefangen. Nicht weil sie das so wollten, sondern weil sie teilweise mit starken Bändern und Schnüren an diese Zeit/ihre Vergangenheit gekettet waren. Dies konnte ebenfalls nur im Schlafzustand passieren, denn würden sie erwachen, dann würden sie bemerken, dass sie selbst diese Schnüre und Bänder die ganze Zeit gehalten haben. Sie könnten sie einfach loslassen und wären somit frei. Dadurch könnte auch die Vergangenheit erlöst werden. Diese Gruppe war am stärksten vertreten und war dem Zauber der Welt noch ganz erlegen.

Die Gruppe der **Farmerzier,** war sehr gerissen und wusste ganz genau, mit welchen Mitteln man die Menschen im Schlafzustand halten konnte. Sie produzierten immer noch bessere Mittel, um die Gruppe der Marionetten unter Kontrolle zu behalten und vor allem, um an ihre finanziellen Mitteln zu kommen. So lange die Marionetten schliefen, würde der Geldfluss immer weiter fließen. Doch auch diese Gruppe war nicht bei Bewusstsein, ganz im Gegenteil, sie stand unter einem noch viel schlimmeren Zauber, den man Macht und Gier nannte. Dieser war sehr schwer loszuwerden, denn diese Zaubermittel wurden ihnen meist schon von Geburt an gegeben, um sie von ihrer lichtvollen Gabe abzubringen. Selbst diese Menschen trugen den göttlichen Zauber in sich, wenn auch dieser nur sehr schwer zu erkennen war.

Die Farmerzier arbeiteten sehr gerne mit der Gruppe der *Medianer* zusammen. Diese Gruppe war sehr leicht für sich zu gewinnen, denn das Mittel das die Medianer dazu bewegte zu arbeiten, war schlicht weg Geld und von diesem hatten die Farmerzier ja genug. Medianer waren süchtig danach und sie taten alles, wenn sie genügend von ihrem Suchtmittel bekamen. Eigentlich waren sie fast noch leichter manipulierbar als die Marionetten, denn für Geld taten sie fast alles. Ihre Aufgabe war es, Angst zu verbreiten und negative Energien. Sie sollten sich ausschließlich auf das Negative konzentrieren, es aufsaugen und an die Marionetten verteilen. Sie durften dabei auch ihre Phantasie gebrauchen, wenn etwas nicht negativ genug war, durften sie es einfach verstärken, solange es die Marionetten glaubten, hatten sie alle Rechte. Und das war anfänglich kein Problem, denn die Marionetten vertrauten den Medianern. Durch diese niedrigen Frequenzen wurden die Marionetten ebenfalls im Schlaf gehalten. Manchmal entwickelten sich auch richtige Albträume, wodurch sie zusätzliche Mittel brauchten, um ruhiger schlafen zu können. Das freute wiederum die Farmerzier.

Die Gruppe der Medianer, war fast die ärmste, denn sie waren dadurch selbst in diesen negativen Energien gefangen. Auch wenn sie reichlich von ihrem Suchtmittel zur Verfügung hatten, konnten sie den wahren Reichtum der Erde nicht erkennen.

Aber auch in ihnen schlummerte dieser göttliche Kern, der in seine wahre Kraft kommen wollte.

Dann gab es noch die **Pilitoker,** diese Gruppe wollte Macht besitzen. Sie wollte die Erde beherrschen und da waren die Farmerzier und Medianer eine große Hilfe. Die Pilitoker versuchten die Marionetten zu beherrschen und machten sie zu Sklaven, doch das machten sie so geschickt, dass die Marionetten es nicht bemerkten. Man gab ihnen genau so viel Freiraum, dass sie glaubten, sie hätten alle Möglichkeiten zur Verfügung. Es würde nur an anderen Dingen scheitern, dass sie ihre Träume nicht verwirklichen konnten. Hauptsächlich am Geld, dieses hatte man ihnen ja geschickt abgenommen.

Pilitoker waren auch sehr arm, denn diese Gruppe kämpfte auch untereinander, sie grenzten sich mit Farben ab, damit jeder wusste, wer zu wem gehörte. Andere Farben als die eigene, lehnten sie strickt ab und so war ihr Leben ziemlich einfarbig. Sie konnten sich weder über einen Regenbogen, noch über die wunderbare Farbenpracht der Natur freuen. Aber im innersten Kern sehnten sie sich, die Vielfalt der Farben zu leben. Sie träumten von einem Malkasten mit all den bunten Farben und Möglichkeiten. Würden sie in ihr natürliches Wesen kommen, so würden sie Farben der Liebe wählen, jedoch unterlagen sie ebenfalls dem Zauber der schlafenden Welt.

Alle diese Gruppen lebten ganz gut zusammen, denn sie ergänzten sich gegenseitig. Hauptsächlich lebten alle so gut, weil die Marionetten sehr tief schliefen.

Wären da jetzt nicht noch die beiden anderen Gruppen, würde dieses Spiel vermutlich noch hunderte von Jahren so weitergehen.

Es war die Gruppe der **Sekretanier,** die sogenannte Übergangsgruppe der neuen Dimension, sie waren zwar noch nicht ganz erwacht, doch sie schliefen auch nicht mehr. Sie ließen eines Tages einfach ihre Schlafmittel weg und nahmen Mittel zu sich, die ihnen Energie gaben. Sie hörten auch den Medianern nicht mehr zu. So veränderte sich ihr Bewusstseinszustand und sie entwickelten eine neue Energie, eine Energie die viel höhere Frequenzen hatte. Dadurch fielen sie nicht mehr so leicht in ihren Schlaf. Sie lernten die geheimen Gesetze des Universums kennen, zumindest dachten sie, dass diese geheim wären. In Wirklichkeit stehen sie jederzeit für alle zur Verfügung, sie müssten nur ihre Frequenzen darauf richten. Teilweise beherrschten sie die Gesetze des Universums sehr schnell, doch nutzten sie diese noch mit ihrem Dämmerzustand. Sie wollten die inneren Lücken der Anerkennung und der Fülle schließen und dachten damit, ganz erwachen zu können.

Sie erfüllten sich einen Wunsch nach dem anderen, erreichten immer höhere Positionen und waren froh, nicht mehr so steuerbar zu sein. Auch Geld war meist genügend vorhanden, je nachdem wo ihre Prioritäten lagen.

Sie glaubten, alles im Leben sei möglich, man müsste nur die Energie darauf richten und schon manifestiert es sich. Feen und Elfen waren überflüssig, denn man war ja selbst ein Zauberer.

Ihr Streben war es, die Menschheit aus ihrem Dämmerschlaf zu erwecken, um ihnen die Gesetze der Anziehung zu lehren. Doch einen schlafenden Menschen etwas zu lehren, das im Tagesbewusstsein statt findet, ist sehr herausfordernd.

Marionetten bezeichneten die Sekretanier als Träumer. Sie gaben ihnen den Rat, sie sollten doch lieber auf die Medianer hören, denn das sind die einzigen, die über die Welt bescheid wissen. So wären sie besser informiert und würden nicht so einen Unsinn verbreiten. Außerdem sollte man stets über die Welt bescheid wissen.

Die Sekretanier wussten aber, dass genau diese Mittel am Schlaf vieler Marionetten schuld waren und so begann ein oft mühevoller Kampf.

Dabei verloren die Sekretanier des Öfteren die Geduld, oder bekamen eine gewisse Arroganz. Sie taten, als wären sie die wahren Meister des Lebens, und alle Menschen, die nicht diesen Weg gingen, stempelten sie als Opfer ab.

Was dieser Gruppe noch im Wege stand um vollkommen zu erwachen, war die Beherrschung des

Egos. Das war wohl die größte Aufgabe auf Erden, denn all diese Gruppen würde es nicht geben, wenn sie den richtigen Umgang mit ihrem Ego hätten. Also war zu diesem Zeitpunkt der wahre und einzige Herrscher dieser Welt. Das Ego!

Doch das Ego konnte gar nichts dafür, denn es war, was es war, weder gut noch böse. Wenn man es aber mit den falschen Mitteln fütterte, wurde es größer und beherrschte die Menschen, ohne dass sie es merkten. Fütterte man es aber mit den richtigen Mitteln, wie Dankbarkeit, Mitgefühl, Zufriedenheit, Toleranz, Akzeptanz, kurz gesagt, mit Liebe, begann es sich zu wandeln, wurde zum Kuscheltier und ließ sich beherrschen.

Die Gruppe der Engel und Lichtwesen aus anderen Dimensionen konnten auch das Ego beherrschen. Sie waren zwar auch teilweise hier auf Erden inkarniert, doch zum größten Teil sprachen sie aus der geistigen Welt zu den Menschen.

Leider konnten nur wenige Menschen diese Schwingungen empfangen, man nannte sie

Heartworker oder Lightworker

Diese Gruppe war vollständig erwacht und mit dem Herzen geöffnet, für eine Welt voll Frieden und Liebe. Heartworker waren Menschen, die alle anderen Gruppen in sich trugen, weil sie diese Frequenzen gelebt hatten, teils in Vorleben, teils in diesem Leben.

Sie mussten ihr Tagesbewusstsein oft mühevoll erlernen.

Für sie war es auch nicht immer einfach, ihre Frequenzen, bei all den niedrigen Schwingungen, hoch zu halten. Sie mussten immer vollkommen wach bleiben, um aus ihrem Herzen zu handeln. Doch sie bemerkten sehr schnell, dass sich ihre Frequenz änderte, wenn sie nicht aus dem Herzen handelten.

Ihre Aufgabe war es, die Menschen aus ihrem Schlaf zu befreien und ihnen die wahren Werte des Lebens beizubringen. Sie von all ihren Bändern und Schnüren zu befreien um ihr wahres Licht zum Leuchten zu bringen. Sie hatten das nötige Einfühlungsvermögen, Verständnis und vor allem Geduld mit den erwachenden Menschen. Sie nahmen sie liebevoll an die Hand und lernten ihnen, auf eigenen Beinen zu gehen. Nicht durch Schnüre, die ihre Beinchen und Arme in Richtungen zerrten, die ihnen nicht gut taten.

Sie unterstützten alle Gruppen um in ihre wahre Lebensaufgabe zu kommen, alle Rollen abzulegen, die ihnen zugeteilt wurden und endlich bewusst am Leben teilzunehmen. Dabei hatten sie stets Hilfe aus der geistigen Welt und den höheren Mächten.

Es gab noch ein paar andere Gruppen, doch die kommen im Märchen nicht vor.

DIE ZEIT DES ÜBERGANGS HATTE BEGONNEN

Immer mehr Menschen erblickten das Tageslicht und machten sich auf den Weg, anderen dabei behilflich zu sein, ihren Schlaf zu überwinden. Freude und Glück zog auf diesen Planeten ein, wenn auch noch in der Minderheit aber es war immer deutlicher zu spüren.

Auch Mutter Erde konnte ihre Schwingung immer mehr erhöhen, um die Menschen dabei zu unterstützen.

Den Gruppen der Farmerzier und Pilitoker war das gar nicht recht.

Den Medianern wäre es egal gewesen, denn sie bekamen jetzt auch von der Gruppe der Sekretanier ihr Suchtmittel zur Verfügung gestellt und sie bemerkten, dass ihnen selbst, diese Frequenzen ebenfalls gut taten. Einige von ihnen lösten sich sogar von der Gruppe der Pilitoker und sendeten weiterhin in einer positiven Frequenz. Doch leider war dies nur eine Minderheit.

Die Farmerzier und Pilitoker schlossen sich also zusammen und mussten einen Plan kreieren, um die Marionetten am Aufwachen zu hindern.

Einige Jahre saßen sie zusammen und schmiedeten Pläne, Mittel und Wege, um die Marionetten wieder gefügig zu machen.

Dafür reisten sie tief in die Vergangenheit und beobachten die Menschen von früher, als sie noch gut geschlafen hatten. Warum waren sie so gut steuerbar? Es war die Zeit der Kriege und Notstände. Alles unterlag einer Frequenz - man nannte sie Angst. Dieser Angst unterlag alles. Angst vor Krankheit, Angst vor Mangel und Notstand, Angst vor Verlust und schließlich die größte Angst, Angst vor dem Tod.

So mussten sie also etwas erschaffen, das all diese Ängste beinhalten würde.

Sie sahen sich an, wo diese Angst in der Vergangenheit am größten war und kamen zu dem Ergebnis, immer wenn eine Krankheit, die Menschen aufsuchte, war diese Angst am stärksten. Doch nicht irgendeine Krankheit, sondern eine Epidemie oder Seuche, die von Mensch zu Mensch übertragen wurde. So wie die Biest, die Nocken oder später dann gewisse Tierkrankheiten.

Also bräuchten sie nur wieder eine Krankheit zu erfinden und sie könnten die Marionetten damit gefügig machen.

Und so forschten sie und bereiteten alles in Ruhe vor, dieser Plan musste perfekt sein.

Es musste eine gefürchtete Krankheit sein, die den Tod bringen kann. Gleichzeitig würden sie jedoch ein Mittel erfinden, dass sie vor diesem Tod befreien könnte. Dieses Mittel würde sie aber wieder abhängig von ihrem Schlafmittel machen, was sie natürlich für sich behielten.

Und so begann das Märchen von Corona

Früh am Morgen fielen Schatten über die Sonne, ein Sturm wütete übers Land, dunkle Mächte verschworen sich und Nebelschwaden bedeckten das angeblich, weise Land. Eine tiefe Kälte zog übers Land, sie drang durch Mark und Bein und ließ einem den Schauer über den Rücken laufen. Es war als hätte die Erde eine Vorahnung den Menschen gesandt.

Währenddessen erblickte, an einem sehr kalten Ort, namens Mabor, ein kleiner Virus das Licht der Welt. Geboren von Mutter Angst und Vater Macht. Er wurde in die Familie der Coronas geboren. Man nannte ihn Corona Lars-David-2

Die Augen der Eltern strahlten, denn sie wussten, er würde einmal etwas ganz besonderes werden. Ihr größter Schatz! Deshalb gingen sie sehr behutsam mit ihm um und züchteten ihn langsam groß und experimentierten mit ihm. Sie wussten mit der Zeit, was ihn wachsen ließ, was ihn aggressiv machte und was ihm gefährlich werden könnte. Von den vielen Experimenten hatte er überall kleine Einstiche, aus denen eigenartige Beinchen wuchsen. Auch seine Oberfläche veränderte sich ständig.
Schön war er also nicht, aber das störte sein Umfeld

nicht. Außerdem sahen seine Geschwister auch nicht besser aus.

Noch ganz klein und unbeholfen, lehrte man ihm seine Aufgaben und dass er bald soweit wäre, den Weg in die große, weite Welt anzutreten.

Alle Hoffnung der Farmerzier und großen Pilitokern lagen bei Corona Lars-David-2.
Da Corona nichts anderes kannte, als das, wofür er geschaffen wurde, tat er brav was ihm seine Eltern befahlen und er machte sich auf die Reise in die Welt.

Ein Land nach dem anderen sollte er bereisen und sich überall auf dem Planeten verbreiten.
Er sollte Angst und Schrecken übers Land bringen.

Er gab sich große Mühe, drang tief in die Menschen ein und klebte an ihren Zellen. Er machte ein böses Gesicht und wollte die Zellen zum Erbeben bringen. Manchmal gelang ihm das sehr gut, doch meistens bemerkten sie ihn gar nicht oder er wurde einfach wieder aus dem Körper geschleudert. Wenn er dann doch erfolgreich war, gab man jemand anderen die Lorbeeren. Meist waren es Studiumskollegen, der Familie Influenzi, eine sehr einflussreiche Familie, die auch sehr beliebt und angesehen bei den Farmerziern war.

Corona verbreitete sich zwar weiter aber er wurde bald schon nicht mehr beachtet, auch seine Eltern ließen nicht viel von sich hören.

Corona wurde sehr traurig und vergaß zwischendurch ganz auf seine Arbeit, er beobachtete wie die anderen ständig Erfolge hatten, ganz berühmt wurden und den Farmerziern viel Geld einbrachten.

Er zweifelte immer mehr an seinen Fähigkeiten, er konnte Menschen zwar krank machen aber kaum jemand starb daran, nur wenn Menschen schwach, alt oder vorher schon krank waren, ansonsten wurden sie schnell wieder gesund.
Er wünschte sich so sehr, Anerkennung zu bekommen oder einfach nur gesehen zu werden.

Er selbst wusste nicht, dass er auf der dunklen Seite der Macht entstanden war und den Menschen schadete. Er dachte, dass diese Welt eben so funktionierte. Er wollte nur seine Lebensaufgabe verrichten.

Zu diesem Zeitpunkt wusste er noch nicht, dass er eine ganz andere Aufgabe in sich trug.

Die dunklen Mächte wollten den Zauber der Erde aufrecht erhalten. Doch dieser musste in Erlösung gehen, deshalb waren die Lichtkräfte schon viel früher am Werk und waren ebenso an dieser Entwicklung beteiligt.

Auch von den höheren Mächten, war die Geburt von Corona geplant, doch sollte Corona nicht Angst und Schrecken verbreiten, sondern die Menschen endlich aufwachen lassen.

Die Marionetten sollten sich ihren Ängsten stellen, ihre Bänder und Schnüre bemerken und wie leicht es wäre, sie einfach fallen zu lassen. Sie sollten ihre Kraft in sich entdecken und erkennen, was sie in ihren Schlafzuständen mit Mutter Erde angerichtet hatten.

Auch die höheren Mächte hatten ein ganz besonderes Mittel, das in der Lage war, alle Ängste zu transformieren. Es gab kein stärkeres und besseres Mittel, als die Liebe. Eine Frequenz, die lange Zeit inaktiv war und deshalb dringend benötigt wurde. Damit diese Energie wieder aktiver werden konnte, brauchten sie den Schatz von Mutter Erde. Eine lichtvolle, weibliche Energie, ihr Name war Lilith. Sie trug die Macht in sich, die Liebe und weibliche Urkraft in die Menschen zurück zu bringen. Berührt Lilith die Menschen in ihrem Zentrum, steigt die weibliche Kraft in ihnen empor und aktiviert die weiblichen Kraftzentren. Die männliche Energie harmonisiert sich dadurch automatisch. Nur wenn ein Mensch beide Energien in sich vereint, würde er vollkommen erwachen.

Der Mensch trägt diese Vollkommenheit seit Anbeginn der Zeiten in sich, nur ist er sich dessen im Schlaf nicht bewusst.

Lilith kehrte nun von ihrer Verdrängung zurück und half den Menschengruppen, diese Energien in sich zu entdecken, denn nur so konnten sie, ihre wahre Lebensaufgabe erkennen und leben.

Da Lilith mehrere tausend Jahre, tief im Inneren von Mutter Erde geschlafen hatte, war sie gut genährt und stärker als je zuvor, um diese Aufgabe erfüllen zu können.

Die Heartworker wurden von den Lichtkräften gerufen und man weihte sie in die Geheimnisse des Kosmos und der Erde ein. Lilith berührte ihre Herzen und aktivierte ihre Kraftzentren damit auch sie vollkommen erwachten, denn nur so konnten sie bei der Transformation der Erde behilflich sein.

Sie verbreiteten sich ebenfalls auf der ganzen Welt, damit sie, wenn der Zeitpunkt kommen würde, bereit wären, gemeinsam die Erde von ihrem Zauber zu befreien. Die höchsten Mächte und Lichtkräfte würden sie dabei mit ihrer Kraft und Liebe unterstützen.

Die dunklen Mächte spürten diese eigenartigen Energien und arbeiteten mit aller Kraft dagegen.

Doch die Zahl der Heartworker verdoppelte sich fast täglich, die Lichtkräfte hüllten den Planeten in das Feld der bedingungslosen Liebe und immer mehr Menschen erwachten aus ihren Schlaf.

Die Transformation war bereits in vollem Gange.

Nun war es soweit, Corona musste seine wahre Botschaft in die Welt bringen.

CORONA MACHT EINE EIGENARTIGE BEKANNTSCHAFT

Immer mehr fühlte sich Corona als Versager und zog sich noch mehr zurück. Eines Tages hatte er sich aus lauter Langeweile doch überwunden zur Arbeit zu gehen, um ein paar Menschen krank zu machen. Doch er hatte keinen Erfolg. Er konnte zwar durch den Hals bis zur Zelle vordringen aber diese verweigerte ihm den Zutritt. Das war nichts ungewöhnliches, denn er kannte diese „du kommst da nicht rein" -Zellen schon. Dieses Mal war es aber anders, diese Zelle strahlte eine ganz eigenartige Energie aus. Corona fühlte sich wie berauscht und auch seine Traurigkeit war wie weggeblasen. Es war, als würde die Zelle mit ihm sprechen.

Ganz fasziniert von diesem Gefühl, blieb er wie angewurzelt stehen und begann mit der Zelle ebenfalls zu kommunizieren.

Er wusste zwar, dass Zellen ständig untereinander kommunizierten, sie warnten ja immer alle Zellen wenn er sich verbreiten wollte, doch dass sie mit ihm sprachen, war ihm fremd. Er brauchte ein paar Augenblicke um die Zelle zu verstehen, aber die Zelle half ihm dabei, in dem sie ihn anstupste und somit seine Frequenz erhöhte. So konnte auch er ihre Sprache sprechen.

Corona fragte die Zelle, was hier gerade geschehen würde, er hatte so etwas noch nie zuvor erlebt.

Die Zelle antwortete ihm: „Hallo Corona, du bist in einem Körper eines Erdenengels. Dass du hier herein gekommen bist, ist sehr erstaunlich. Noch nie zuvor hatte es ein Virus geschafft, so weit vorzudringen. Du musst etwas ganz Besonderes sein."

„Eines Erdenengels? Was Besonderes? Ich?
Leider das Gegenteil, ich wäre sehr gerne etwas Besonderes", erwiderte Corona enttäuscht.

Die Zelle erklärte Corona, die Energie und Aufgabe eines Erdenengels und auch die eigentliche Funktion eines Virus und wofür er und seine Kollegen geschaffen wurden. Sie erzählte ihm, von den Menschengruppen, den schlafenden Menschen und auch von der Absicht seiner irdischen Eltern und den wahren Hintergründen der Farmerzier.

„Und dass du es geschafft hast, bis zu mir vorzudringen zeigt nur, dass du von höherer Macht geschickt worden bist, um Großes zu bewirken. Also hast du eine Seele bekommen, sonst könntest du kaum traurig sein und Gefühle wahrnehmen.
Deine wahre Lebensaufgabe besteht darin, den Menschen zu dienen und sie aus ihrem Schlaf erwachen zu lassen.
Sie lernen durch dich auch Werte wie Dankbarkeit, Freude, Mitgefühl, Mut und Zusammenhalt.

Du musst nur bereit dazu sein und du wirst in die neuen Fähigkeiten eingewiesen.

Für Corona war das alles sehr verwirrend, doch trotzdem spürte er diese Resonanz tief in seinem kleinen Körper. Es war als würde er selbst gerade aus seinem Albtraum erwachen.

So willigte er ein und war bereit für seine neue Lebensaufgabe.

Da die Zelle in Ihrem Körper bleiben musste, machte sie Corona auf die himmlischen Helfer aufmerksam und seine ganz persönliche Geistführerin.

Corona bedankte sich bei der Zelle, die sein Leben verändert hatte und machte sich auf den Weg in seine neue Welt.

CORONA BEGEGNET LILITH

Draußen angekommen, musste er sich erst sammeln um alles verdauen zu können, doch er war fest entschlossen, diesen neuen Weg zu gehen und war gespannt auf seine Anweisungen.

Da erschien sie schon, eine wunderschöne Lichtgestalt. Sie hüllte Corona ganz in ihr Licht ein, so dass auch er zu strahlen begann.

„Sei gegrüßt, geliebter Erdenvirus", die Lichtgestalt musste lachen, weil sie so etwas noch nie zuvor gesagt hatte.

Für Corona war es auch sehr lustig. Zumindest wusste er erst später, dass das lustig war, er hatte ja zuvor noch nie gelacht.

Diese Gefühle waren ihm fremd, er kannte nur Angst, Macht, Erfolg und Traurigkeit, damit fühlte er sich ganz wohl.

Die Lichtgestalt stellte Corona „Lilith" vor und erzählte ihm, von den weiblichen und männlichen Energien, den Urängsten der Menschen und weihte ihn nochmals in alles ein, was ihm teilweise die Zelle schon erklärt hatte.

Lilith würde ihm dabei zur Seite stehen und auch ihm behilflich sein, in seine wahre Kraft zu kommen um seine Lebensaufgabe erfüllen zu können.

Danach verabschiedete sich die Lichtgestalt und übergab das Wort an Lilith.

Lilith lächelte Corona an und half ihm auch gleich, in sein Selbstwertgefühl zu kommen. Dieses Gefühl aktiviert die weibliche Energie am stärksten. Sie schmeichelte ihm, was für ein hübscher Virus er nicht wäre.

Corona wusste gar nicht was hübsch bedeutet und entschuldigte sich dafür, weil er dachte das wäre etwas Schlechtes. Als er eine Erklärung dafür bekam, sah er sich selbst einmal genauer an und bemerkte seine eigenartigen Beinchen, oder waren es Haare, oder beides, aber hübsch? Diese Worte passten doch vielmehr zu Lilith, dachte sich Corona.

Aber Lilith sagte es Corona so lange und liebevoll, bis Corona es selbst auch glaubte und so fühlte er sich jeden Tag schöner und nahm sich selbst so an, wie er war.

Das strahlte er auch aus und so wurde er zu einem wunderschönen Virus. Er gefiel auch Lilith von Tag zu Tag immer besser und deshalb nannte sie ihn ab sofort „ kleiner Prinz!" Außerdem steht der Name Corona für Krone und das würde sehr gut zu einem Prinzen passen.

Corona gefiel das sehr und er erzählte Lilith, dass er den Namen bekommen habe, weil er die Herrschaft der Welt übernehmen sollte.

„Soso, die Herrschaft der Welt. Das haben dir vermutlich deine Eltern eingeredet." entgegnete Lilith und schmunzelte dabei. „Aber es stimmt schon, die Herrschaft der Innen-Welt, passender noch die Beherrschung der Innenwelt. Und genau das ist deine Aufgabe! Durch dich werden die Menschen dazu aufgefordert, ihre Innenwelt zu erkunden um sich selbst in die Freiheit zu führen, wie ein König sein Heer! Danach würde ihnen ihr Königreich zu Füßen liegen."

Corona hörte Lilith aufmerksam zu, aber ihm war immer noch unklar, wie er so etwas Großes in der Welt bewirken sollte.

Lilith fuhr fort: „Zuerst müssen wir dich transformieren, damit du in deine wahre Kraft und Größe kommst, dafür bekommst du einen Code und dieser Code wird dein neuer Name sein.

Je öfter dein Name, beziehungsweise dein Code ausgesprochen wird, desto schneller wirst du transformiert.

Du wirst relativ schnell auf der ganzen Welt bekannt sein. Alle werden deinen Namen aussprechen.

Leider passiert das zuerst in Angst und Unwahrheit, sie werden Lügengeschichten über dich erfinden, weil sie dadurch zu Macht und Geld kommen wollen. Danach werden sie versuchen, dich zu vernichten. Sie werden behaupten es gäbe ein Mittel, dass die Menschen von dir schützen würde. All das wird von deiner irdischen Herkunft gesteuert, denn auch sie sehen in dir die Chance zu wachsen und vor allem wollen sie, die Menschen am Aufwachen hindern.

Sobald die Menschen, dieses Mittel zu sich genommen haben, stehen sie den Farmerziern wieder ganz zur Verfügung. Sie haben auch noch andere Waffen erfunden, um die Menschen zurück in die alte Frequenz zu bringen.

All diese Dinge können sie verrichten, während sie dich vorschieben. Die schlafenden Menschen werden von den Medianern so in Schach gehalten, dass sie in Ruhe diese Frequenzen errichten können. Sollte etwas passieren, können sie alles dir in die Schuhe schieben.

Sie werden die Marionetten in ihre Häuser treiben, ihre Firmen schließen und sie dazu bringen, dass sie abhängig werden von dieser Frequenz. Sie werden es aber nicht bemerken, da sie es so darstellen werden, dass diese neue Technologie, ihnen dabei behilflich sein wird, von zu Hause aus, zu arbeiten und um noch besser vernetzt zu sein. So bringt man sie dazu, einverstanden zu sein, diese neue Technologie frei zu schalten. Teilweise machten sie das auch schon unbemerkt. Kopfschmerzen, Unruhe, Schwindel und Müdigkeit wird man ebenfalls dir in die Schuhe schieben. Aber das sind erst die Anfangssymptome, da es noch nicht flächendeckend sein wird.

Corona unterbrach Lilith: „Das klingt aber nicht so, als würde ich Gutes bewirken. Es wäre zwar sehr ehrenvoll für meine irdischen Eltern und auch die Farmerzier wären sehr stolz auf mich. Doch wenn ich den Menschen helfen sollte, sie zu erwecken, sehe ich hier nicht die besten Möglichkeiten. Und wie soll die Welt wissen, dass ich einen neuen Namen habe?"

„Lass mich weitererzählen, lieber Corona dann erkennst du die Chance dieser Krise." forderte Lilith ihn auf und sprach weiter.

„Dein Name war von den Farmerziern schon geplant. Sie würden versuchen dich aggressiver zu machen und zu verstärken mit Mitteln und Möglichkeiten, dann würden sie behaupten, dass du ein neuer Virus bist, der sich schnell verbreitet und das könnten sie mit einem Test beweisen.

Da du dich aber schon lange vorher verbreiten konntest, werden sie bei sehr vielen Menschen diesen neuen Virus feststellen können. Ob da deine Kollegen Influenzi und Co auch schon zu Gange waren, zeigt dieser Test natürlich nicht. Außerdem ist er eine gute Einnahmequelle der Farmerzier, bis das Gegenmittel fertig ist. Alle natürlichen Gegenmittel würden sie einfach vom Markt nehmen lassen, denn dafür haben sie eine eigene Vereinigung, die alles kontrolliert, um die Menschen nicht aufwachen zu lassen.

Die Aufgabe der Medianer ist es, in dieser Zeit so viel Angst und Panik zu verbreiten, wie es nur geht. Natürlich würden sie den Marionetten sagen, dass dies nur zu ihrem Schutze dient.

Kommen wir nun zu deiner Chance, kleiner Prinz!

Das alles muss so geschehen und war auch von den höheren Mächten so geplant, um die Menschen in die Enge zu treiben. Damit sie endlich ausbrechen können!

Nicht alle Menschen werden diese Chancen erkennen und nutzen, doch sehr viele werden jetzt gezwungen, endlich aufzuwachen, stopp zu sagen, auszubrechen und ihre Bänder loszulassen. Sie werden die wahren Werte des Lebens erkennen.

Dankbarkeit, Mitgefühl und Zusammenhalt waren immer die Werte, die in Krisen, den Menschen Hoffnung gaben.

Die Marionetten werden aufgerufen, endlich in die neue Zeit zu kommen. Eine Zeit der Möglichkeiten, der Taten und der Eigenverantwortung. Hinzusehen, statt wegzusehen.

Aber vor allem werden sie dazu gezwungen, Ordnung in ihre eigene Welt zu bringen. Das erkennen sie aber nur, wenn sie sich in ihre Häuser zurückziehen. Nicht in die äußeren Häuser, sondern in ihre inneren Häuser und endlich der Seele zu hören, die sie im Schlaf nicht hören konnten."

Corona unterbrach Lilith erneut: „Aber was ist dabei meine Aufgabe?"

Lilith strich Corona, mit einem zarten Windhauch, liebevoll über seine ruppigen Haare und forderte ihn auf, geduldig zu sein und zuzuhören.

„ Das alles ist nur möglich, weil du geboren wurdest und die Menschen Angst vor dir haben. Dadurch lassen sie all diese Dinge mit sich machen und genau das ist nötig um sie zum Erwachen zu bringen."

Das klang für Corona schon besser und er war einverstanden diesen Weg, zum Wohle der Menschen auf sich zu nehmen. Er würde die Krone der Menschen tragen, um sie in die Erlösung zu führen. Er war ja nicht der erste hier auf diesen Planeten, vielleicht würde es dieses Mal besser funktionieren.

DAS WORT ERFÜLLTE SICH

Corona bekam seinen Transformierungscode, CoVid 19 und war bereit für seinen Kreuzzug durch die Welt.

Alles erfüllte sich genau so, wie es Lilith vorhergesagt hatte, man gab Corona für alles die Schuld und behauptete, er wäre nicht einzuschätzen und wie schnell er sich verbreiten würde.

Die ganze Welt wurde dadurch beeinflusst. Man schaffte es sogar, Menschen aus der Gruppe der Pilitoker zu beeinflussen. Nicht alle Menschen dieser Gruppe waren eingeweiht, manche handelten wirklich zum Wohle der Menschen, zumindest glaubten sie das.

Die Menschen wurden in Gefangenschaft genommen und leisteten keinen Widerstand.

Bis auf ein paar Ausnahmen, die dieses Spiel nicht mitmachten, weil sie es nicht ernst nahmen und auch keine Angst hatten. Leider fehlte ihnen aber das Mitgefühl zu ihren Mitmenschen, die noch nicht wussten, dass dies alles so geplant war. Außerdem wäre es auch für sie wichtig gewesen, sich zurückzuziehen. Das war allerdings die Minderheit, die meisten hielten sich daran.

DIE ZEIT FÜR CORONA WAR GEKOMMEN

Aber nun war es Zeit für Corona in seine vollkommene Kraft zu kommen und dafür brauchte er die Unterstützung der Heartworker/Lightworker und aller Menschen die bereit waren aufzuwachen.

Alle müssten zur gleichen Zeit, Liebe in das Feld aller Möglichkeiten senden. Sie sollten sich, so gut es ging, in der Frequenz der Liebe befinden.

Nur so wäre es möglich, dass Corona seine Struktur veränderte und eine Form der heiligen Geometrie bekommt.

Corona würde danach, auch nicht mehr auf der irdischen Ebene wirken, sondern aus der feinstofflichen. Die irdische Hülle wird nach und nach verschwinden, so wie es vor einiger Zeit auch mit seinen Vorfahren Porky- und Birdyenzer geschehen war.

Damit diese Transformation auch wirklich geschehen konnte, mussten der Kosmos und Mutter Erde ebenfalls, genau in dieser Schwingung sein. Deshalb wurde genau nach dieser Berechnung, Uhrzeit und Datum gewählt.

144000 Lightworker wurden ausgewählt, um diese Transformationszeit zu verbreiten und sie hofften auf die Unterstützung der Sekretanier.

Bis dahin sollten die restlichen Heartworker, die Menschen dazu bringen, ihre Innenwelt zu verändern. Sie sollten die Außenwelt als Spiegel verwenden, damit sie wussten, was zu transformieren war.

Es war eine sehr schwierige Zeit, denn die Medianer taten alles, um die Marionetten in ihrer Frequenz zu halten.

Wichtig war es, dass sehr viele Menschen dennoch bereit waren, hinzusehen. Auch wenn sie mit der Zeit nicht mehr wussten, was sie glauben konnten und was nicht, spürten sie ebenfalls diese Resonanz des Wandels in sich. Sie ließen sich darauf ein um gemeinsam aus dieser Krise zu wachsen. Sie entwickelten mehr Mitgefühl, Zusammenhalt und öffneten nach und nach ihre Herzzentren.

Auch die Gelegenheit des Rückzugs nutzten sie, um zu reflektieren und sich ihren Ängsten zu stellen.

Sie erkannten nach und nach ihre wahren Bestimmungen.

Für Mutter Erde war es höchste Zeit um sich zu erholen, von all den Strapazen und Folterungen, die ihr die schlafenden Menschen angetan hatten.

Sie erholte sich sehr schnell und konnte so ihre Schwingung noch mehr erhöhen, um für den Aufstieg bereit zu sein.

Leider arbeiteten auch die dunklen Mächte weiter daran die Menschen gefügig zu machen und sie bekamen ebenfalls Verstärkung, von ganz unten.

Sie mussten höhere Geschütze auffahren, sie bedrohten die Marionetten und zwangen sie ihre Mittel zu nehmen, nur so hatten sie die Chance die Welt gefügig zu machen.

Sie kämpften mit allem was ihnen zur Verfügung stand und setzten ihre allerletzten Hebel in Bewegung. Doch irgendwann versiegt auch die letzte Quelle und die Liebe darf Einzug nehmen.

Die Lichtkräfte waren bereits in der Überzahl und bereiteten alles für den Aufstieg vor.

MANCHMAL MUSS MAN IN DIE DUNKELHEIT UM DAS LICHT ZU ERKENNEN

Die Situation in der Welt spitzte sich zu, sie nahmen die Menschen noch mehr in Gefangenschaft, und wollten sie in die vollkommene Abhängigkeit führen.

Die dunkelsten Mächte der Welt waren zu Gange.

Systeme brachen zusammen und eine Dunkelheit bedeckte das Land. Der letzte Widerstand wurde losgelassen.

Selbst das war von den höheren Mächten geplant. Sie zwangen die Menschen in ihre schlimmsten

Befürchtungen und Ängste. Nur so konnten sie die letzten Widerstände loslassen.

In vollkommener Dunkelheit kann man das (neue) Licht viel besser erkennen.

ALLES WAR BEREIT

Nun war es soweit und die Zeit war gekommen, um die Erde aus ihrem Zauber zu befreien.

Die Lichtkräfte hatten mittlerweile Menschen aus allen Gruppen zur Verfügung, denn sie brauchten auch erwachte Menschen aus der Gruppe der Pilitoker, denn nur sie hatten die irdische Macht, um den Menschen zu helfen.

Sie mussten sich allerdings noch im Hintergrund halten und einen Schlaf vortäuschen. Damit sie, wenn die Zeit gekommen war, die dunklen Mächte enttarnen konnten, um die Menschheit davon zu befreien.

Heartworker und erwachte Menschen sendeten täglich Frequenzen der Liebe in das Feld der Erde und baten auch andere Menschen das zu tun.

Je mehr Menschen das taten, umso intensiver wurde diese Energie.

Nun war der Tag gekommen an dem Corona in seine vollkommene Kraft kommen würde und somit die irdische Hülle hinter sich lassen kann.

Die Berechnung der Lichtkräfte, für die optimale kosmische Energie, wurde den Heartworkern übermittelt.

Diese Botschaft ging um die ganze Welt und immer mehr Menschen waren bereit mitzuwirken. Sie standen dafür sogar mitten in der Nacht und in den frühen Morgenstunden auf, um ihre Frequenzen in das Feld zu senden.

Auch die dunklen Mächte bekamen davon mit und wollten diese Zeit ebenfalls nutzen, um die Menschen in der niedrigen Energie zu halten. Deshalb boten sie geführte Massenmeditationen an, um die Menschen mit negativen Frequenzen zu manipulieren.

Doch auch hier hatten die Lichtkräfte ihre Finger im Spiel, sie sorgten dafür, dass sie alle Geräte die dafür nötig waren ausschalteten.

Die Menschen wurden aufgefordert mit Hilfe der Visualisierung und aus reinem Herzen, ihre Liebe ins Feld zu senden.

So geschah es auch, der Zeitpunkt war gekommen.

Es waren viel mehr Menschen, als man dazu brauchte, eine magische Energie zog um die Welt. Es war eine so liebevolle Energie, dass sie manche Menschen zu Tränen rührte und einige von ihnen, konnten ein warmes Gefühl in ihrem Herzen wahrnehmen. So friedvoll, ein Gefühl von Geborgenheit und Sicherheit. Sie fühlten, was sie in Wirklichkeit sind, lichtvolle Wesen, gefangen in einem menschlichen Körper. Sie erkannten, dass ihnen alle Möglichkeiten zur Verfügung standen. Dass sie sich selbst die ganze Zeit in Ketten gelegt hatten und sie diese Kraft in sich trugen, um sich aus allem zu befreien. Sie ließen ihre Schnüre los und befreiten somit ihr ganzes Ahnensystem, denn auch sie mussten befreit werden. Auch ihre letzten Ängste lösten sich auf und sie bemerkten, dass es ihre eigenen Gedanken waren, die sie solange gefangen hielten. Sie wurden ihnen, in der Außenwelt in Form der Famerzier, Pilitoker und Medianer gespiegelt.

Ein Glücksgefühl stieg in ihnen hoch und sie badeten im Gefühl der reinen, bedingungslosen Liebe.

Die Menschen fühlten regelrecht, wie sich die Welt im Außen transformierte aber auch ihre Innenwelt veränderte sich.

All das war nur möglich, durch die Macht der Einheit, denn nur sie ermöglichte diesen Transformationswandel.

In diesen Minuten der Transformation schien es, als würde die Zeit still stehen und alle die mit ganzem Herzen dabei waren, wussten, dass sich alles zum Positiven wenden würde.

CoVid 19 wurde transformiert, sein Haupt strahlte als würde er tatsächlich eine Krone tragen aber viel mehr noch strahlte er aus seinem Herzen. Es war ein goldenes Herz, das wie ein Stern in alle Richtungen strahlte und die Menschen in ihren Herzen berührte.

Endlich konnte er seine wahre Lebensaufgabe erfüllen.

Auch die Farmerzier, Pilitoker und Medianer spürten für einen Moment, dass auch sie unter all ihren Mauern, aus reinem Licht geschaffen wurden und die wirklichen Reichtümer dieser Welt einfach nie kennengelernt haben. „Wahre bedingungslose Liebe!"

Kein Geld der Welt und keine Macht, kann dieses höchste aller Gefühle erreichen, die Liebe zu sich und seinen Mitmenschen. Gutes zu tun, ist so viel machtvoller als Herrscher der Welt zu sein!

DER AUFSTIEG WAR VOLLBRACHT

Jetzt begann die Zeit der Transformation, vom Traumbewusstsein ins Wachbewusstsein.

Der kleine Prinz Corona hat die Menschen wach geküsst, das war seine wahre Lebensaufgabe.

Die Menschen werden noch lange über ihn sprechen aber nicht in Angst und Schrecken, sondern in Dankbarkeit. Ohne ihn würden sie noch immer schlafen.

Der Wandel der Menschheit hatte begonnen. Die Schleier wurden gelüftet, auch die Gruppen, die im Hintergrund aktiv waren, wurden enttarnt, die Masken fielen und die dunklen Mächte wurden zur Verantwortung gerufen. Hilfe kam von Menschen, die selbst erwacht waren und von denen man es nie für möglich hielt, darunter auch die Pilitoker, die am Aufstieg beteiligt gewesen waren.

So mancher Bösewicht erschien bei richtiger „Beleuchtung" unter einem ganz anderen Licht ;)

Aber auch andere Pilitoker, die noch im dunklen tappten, sahen plötzlich helle Farben und einige Menschen der Gruppe der Farmerzier, gaben Irrtümer zu, weil auch sie einen Hauch von Lilith spürten.

Doch die ganz bösen Mächte unter ihnen, wurden an ihren Gedärmen in die Unterwelt gezerrt, wo sie jahrtausende in Stein verbringen werden. Hier hätten sie Zeit, um in Ruhe nachzudenken, aber Steine können leider nicht denken und Gefühle haben sie auch keine. Doch das werden sie vorerst gar nicht bemerken.

Nach einer Ewigkeit der Gefangenschaft und Transformation bekommen einige von ihnen, die Chance, als Wurm in die inzwischen neue Welt, zu inkarnieren. Eine Welt voll Wunder, Liebe, Farben, glücklicher Menschen und Vögel! Ja, Vögel gibt es hier auch ;)

Lilith hatte Corona in seine wahre Lebensaufgabe gebracht. Er konnte nun aus einer anderen Ebene, die Menschen an ihre Besonderheit erinnern.

Manchmal, manifestierte er sich sogar und erschien den Menschen in Form einer lichtvollen Krone, um sie an ihre wahre Schöpferkraft zu erinnern.

Aber nun ist es an der Zeit, dass Lilith die restlichen Marionetten von ihren Bändern befreit und die in ihnen schlummernde Kraft zum Leben erweckt.

Es liegt noch eine Menge Arbeit vor ihr, aber davon erzähle ich euch ein anderes Mal....
und jetzt wünsche ich euch einen „Guten Morgen!"

Aufwachen, die Sonne scheint <3

Bist auch du bereit für diese Transformation?

Dann erkunde deine Innenwelt, wer bist du wirklich? Was hindert dich noch am Aufwachen?

Welche Bänder wollen losgelassen werden?

Welche Ängste spürst du noch in dir?

Was oder wer hindert dich daran, in deine Energie zu kommen?

Die weibliche Kraft in dir zu spüren und die männliche Energie in Harmonie zu bringen?

Es sind nur deine eigenen Gedanken, die in dir kämpfen, deine Ängste, deine Glaubenssätze, die über Generationen weitergegeben wurden.

Befreie dich endlich von deinen Fesseln, lass deine Bänder los und erwache zum Leben!

Ich bin bereit in dir zu erwachen und dich in deine vollkommene Kraft zu bringen.

Deine LILITH <3

WAS MÖCHTE ICH DER WELT MIT DIESEM MÄRCHEN MITTEILEN?

Um dieses Märchen nicht miss zu verstehen, hier geht es nicht um eine Anklage an die Welt oder die Menschen und ihre Gruppen. Auch handelt es sich nicht um irgendwelche „Verschwörungstheorien."

Es handelt sich hier viel mehr um ein Gleichnis. Ein Gleichnis unserer Innenwelt.

Wie im Vorfeld schon erwähnt, können wir das Außen nur im Innen erkennen.

All diese Gruppen und selbst den kleinen Virus Corona tragen wir alle in uns. Sie sind nur nicht immer gleich aktiv, manchmal belichten wir einen Teil mehr, manchmal einen anderen.

Aber alle Teile sind in uns vorhanden. Und vor allem müssen wir erkennen, dass alles was wir in unserer Innenwelt erschaffen, im Außen sichtbar wird. Es sind unsere eigenen Gedanken und Handlungen, die wir auf unsere Leinwand projizieren. Wir sind es, die die Geschichte unserer Welt neu schreiben können.
„Jeder Tag kann ein neuer Anfang sein",
sagte schon Frau Holle.
Es lag auch an Marie selbst, ob sie Goldmarie oder Pechmarie sein wollte. Wollen wir Glück oder Pech anziehen? Es liegt an uns, ob wir (an uns) arbeiten, oder ob wir andere (an uns) arbeiten lassen.

Ich weiß, es ist oft schwer zu verstehen, dass wir selbst an allem schuld sein sollen. Das sind wir auch nicht. Es geht hier nicht um eine Frage der Schuld, sondern der Möglichkeiten, die in uns stecken. Außerdem gibt es Situationen und Umstände im Leben, die sind von höherer Macht bestimmt. Es gibt Dinge zwischen Himmel und Erde, die wir noch nicht verstehen.

Aber vieles verursachen wir selbst, oft sind es auch die Folgeschäden von vorangegangenen Taten und Gedanken. Oder die übernommenen Muster unserer Generationen, auch diese wollen gesehen werden.

Was genau sagt uns jetzt die Außenwelt?

EIN BEISPIEL DER AUßEN UND INNENWELT

Zuerst versuchte Mr. Plastik, Mrs. Ozean zu ersticken. Und die Gretchenfrage ist hier nicht, wer war schuld daran, denn das wissen wir bereits.
Die Anderen waren es!
Niemand von uns, hat jemals irgendetwas aus der Firma des Herrn Plastiks gekauft, niemand von uns besitzt irgendetwas aus Plastik!
Also konnten wir auch keinen Müll produzieren!
Oder sind wir doch mitverantwortlich?

Wie sieht das in unserer Innenwelt aus? Verunreinigen auch wir unser wertvolles Körperwasser täglich mit Plastik?

Im Microkosmos nennt man es dann Microplastik.
Stopfen wir vielleicht auch manchmal Müll in unseren
Körper?
Oder sind hier auch die anderen schuld?
Miss Micky Maus zum Beispiel;)?

Was passiert nun, wenn das Wasser verunreinigt wird?
Man nimmt den Lebewesen des Wassers, die Luft zum
Atmen und sie ersticken oder werden gefangen
genommen, von dem ganzen Müll und sterben
ebenfalls.

Unser Innenleben zeigt uns das, in dem wertvolle
Microorganismen in uns absterben und Schlacken in
unseren Darmwänden festgehalten werden.

Das Immunsystem wird gefährdet und lässt alle
Entgiftungssysteme auf Hochtouren arbeiten,
Allergien, Intoleranzen, Hautprobleme, usw.
Ein Hilferuf von innen!

Die Lungen der Erde brennen und rufen die
Menschheit zur Besinnung!

Doch da auch hier die anderen schuld sind, müssen
wir es wieder am eigenen Leib erfahren. Unsere
Lungen sind in Gefahr! Und so ist es zu unserer
Chance geworden, die Aufgabe von Corona zu
verstehen.

Krankheit ist keine Strafe Gottes, sondern ein Hilferuf der Seele. So wie Mutter Erde im Außen zu uns spricht, so spricht unsere Seele im Innen zu uns!

Das ist nur eine Möglichkeit um eine Spiegelung zu erkennen, selbst in diesem Beispiel gibt es noch viele weitere Varianten um es zu spiegeln.

Die Seele hat aber noch ganz andere Botschaften für uns, aber um diese zu verstehen, müssen wir zuhören lernen und dafür ist uns unser „Geist" behilflich.

EIN BEISPIEL FÜR EINE SPIEGELUNG/BOTSCHAFT DER SEELE

Die Lunge steht in der Kinesiologie für Kummer und Traurigkeit, blickt man aber dahinter steht sie für Freiheit!
Wenn wir allen Kummer, alle Sorgen und Traurigkeit loslassen, werden wir ein Gefühl von Freiheit in uns spüren. Wir werden tiefer atmen als je zuvor. Wir spüren den Atem des Lebens.

Mit dem ersten Atemzug kommen wir in diese Welt und wir gehen mit dem letzten! Dazwischen beachten wir die Atmung kaum, dabei bildet der Atem die Brücke zur Seele!

WIE DU NUN DEINE WELT RETTEN KANNST.

Erkenne die dunklen Mächte in dir und transformiere sie!
Wenn du der Meinung bist, andere sollen die Welt retten, gib das Buch einfach weiter ;)

Hier ein paar Anregungen

DER ERSTE SCHRITT

Wir müssen Verantwortung übernehmen, jeder für sich und erkennen, dass wir es sind, die es in der Hand haben, die Welt zu verändern. Jeder einzelne von uns!

SCHRITT 2

Wir legen die Wörter „wenn" und „aber" zur Seite und erkunden die Welt, unsere Innenwelt!

... UND JETZT LERNEN WIR GEHEN

Wie Außen so Innen!

Mit diesem Märchen wird nur eine allgemeine Sichtweise dargestellt. Jeder sieht die derzeitige Situation ganz anders, jeder hat seine Meinung dazu. Dafür ist es ganz wichtig, deine Geschichte zu sehen!

Was bewegt dich im Moment, wie siehst du die Welt?
Wo sind deine Farmerzier, Pilitoker und Medianer?

Vielleicht kommen in deiner Geschichte auch noch andere Figuren vor. Erkunde deine Außenwelt und dann erkenne sie in deiner Innenwelt!

Ich habe hier ein paar Spiegelungen für dich, um deine Darsteller zu entlarven. Nicht alle Fragen werden in dir „resonieren", auch nicht alle Gruppen und es gibt noch unzählige mehr dieser Vergleiche. Du kannst diese Fragen für dich ergänzen.
Du musst sie nur sehen wollen und akzeptieren.
Kein Urteilen, kein Verurteilen!

Nackt, ohne Körper sehen wir alle gleich aus!

WELCHEN SPIEGEL HALTEN UNS DIE EINZELNEN GRUPPEN VOR:

DIE SCHLAFENDEN MARIONETTEN
gefangen in ihren Bändern.

Wann lassen wir uns steuern, wann sind wir fremdbestimmt, wie beeinflussbar sind wir?

Wie oft machen wir etwas aus Angst?
Angst nicht mehr zu gefallen, Angst nicht mehr geliebt zu werden, Angst gekündigt zu werden, Angst sich zu blamieren, Angst zurück gewiesen zu werden, Angst verlassen zu werden, Angst nicht ernst genommen zu werden, Angst verletzt zu werden, usw.

Wann schlafen wir?
Bekommen nicht mit, wie uns andere manipulieren
oder belügen.
Wie oft hören wir nur auf einen Teil der Wahrheit?
Wie oft sehen wir die Wahrheit gar nicht?
Wie oft bekommen wir etwas gar nicht mit, weil wir zu
beschäftigt sind?

Wir oft machen wir etwas nicht, aus den
unterschiedlichsten Ausreden, die wir uns zum Teil
selbst einreden?

Wie oft begrenzen wir uns?
Weil wir die Möglichkeiten nicht sehen, weil uns
die Vorstellung oder das Vertrauen fehlt.

Wie oft hören wir auf die „falschen" Leute?

Wie oft bemerken wir nicht, dass uns etwas nicht gut
tut?

Wie oft halten wir an Bändern der Vergangenheit fest?
Trauern alten Dingen hinterher oder verfallen in
Kindheitsmuster?

Ich glaube wir schlafen manchmal noch sehr tief, jeder
in einen anderen Teil, aber wir schlafen.

DIE FARMERZIER

Vielleicht denkst du jetzt, diese Gruppe lebt sicher
nicht in mir.
Doch du irrst, selbst diese Gruppe lebt in uns.

Wie oft haben wir selbst schon Dinge behauptet, die nicht der Wahrheit entsprachen oder nur zum Teil? Vielleicht haben wir selbst auch schon Geschichten erfunden?

Wie oft haben wir etwas scheinbar Gutes getan, nur um selbst einen Vorteil davon zu haben?

Wie oft verschweigen wir etwas, das jemand anderem helfen könnte?
Aus unterschiedlichen Motiven (Konkurrenzdenken, Neid, Angst er/sie könnte besser sein)
Unter Kollegen sehr oft verbreitet ;)

Wie oft kritisieren wir etwas oder verurteilen jemanden und schaden damit anderen Menschen, nur um selbst besser dazustehen?

Wie oft manipulieren wir Menschen, nur dass sie das tun, was wir wollen?
In der Partnerschaft manipulieren wir oft am allermeisten, ohne es zu bemerken.
Wenn du so weiter tust, dann verlasse ich dich!
Wenn du dich nicht änderst, suche ich mir jemand Neuen! Wenn du das nicht tust, liebe ich dich nicht mehr! Nur um einige Beispiele zu nennen.

Unsere Mittel sind vielleicht auf einer anderen Ebene, doch die Energie dahinter bleibt die gleiche.

Kinder müssen brav sein, sonst werden sie bestraft! Wir erklären ihnen, dass wir es nur gut mit ihnen meinen, dabei meinen wir uns damit. So müssen wir uns keine Sorgen machen, oder weil es einfach bequemer ist.

Auch bei der Arbeit als Vorgesetzter, haben wir vielleicht Ansprüche, die nicht den Angestellten, sondern nur uns selbst nützen. Auch hier wird mit Entlassung gedroht, um sie gefügig zu machen.
Oder wir lassen andere für uns arbeiten, um zu immer höheren Positionen zu kommen. Auch wenn wir bemerken, dass jemand kurz vorm „Burn-out" steht oder der Aufgabe nicht gewachsen ist.

Alles geschieht im Großen wie im Kleinen.

DIE PILITOKER

Diese Teile tragen wir besonders oft in uns.

Wie oft haben wir eine Meinung zu etwas und halten daran fest und machen andere schlecht, die nicht dieser Meinung sind?

Wie oft haben wir schon Menschen aufgehetzt, um gegen diesen oder jemand zu sein?

Wie oft predigen wir Wasser und trinken Wein?

Wie oft lachen wir jemanden ins Gesicht und richten ihn danach aus?

Wie oft wollen wir selbst im Mittelpunkt stehen und haben dann Probleme wenn es nicht so ist?
Wie oft wollen wir beliebt sein oder wollen, dass andere auf unsere Meinungen hören?

Wie oft haben wir schon etwas versprochen und dann nicht gehalten?

Wie oft finden wir eine Meinung einfach nicht gut, nur weil sie von der „falschen" Person kommt?
Würde die gleiche Meinung von einer Person kommen, die wir gut finden, (die gleiche Farbe hat), wäre diese Idee, die beste überhaupt.

Wie oft reden wir etwas schlecht oder ziehen es sogar ins Lächerliche, nur weil es uns ein Dorn im Auge ist.
Eifersucht wäre hier ein gutes Motiv.

Und eine der besten Fragen:
Wie oft reden wir uns selbst etwas schön?

DIE MEDIANER

Wie oft verbreiten wir selbst schlechte Nachrichten?

Wie oft erzählen wir Geschichten, die wir noch ein bisschen übertreiben, nur um gehört zu werden?

Tratsch und Klatsch befindet sich in dieser Kategorie und ich glaube das kennen wir auch alle.

Im positiven Teil bemerken wir hier, wie vieles möglich wäre, es sind die Glücksmomente des Zufalls die unsere Herzen höher schlagen lassen. Wir beginnen die Schönheit der Welt zu spüren, wir bemerken, dass wir für vieles selbst verantwortlich sind und beginnen auf unseren Körper zu hören.

Wenn wir dieses Gefühl von Grenzenlosigkeit spüren. Wenn wir Dinge von der positiven Seite betrachten können.
Wenn dieses Gefühl von Aufbruch in uns hochkommt. Auch dieses Gefühl, wenn wir etwas geschafft haben, was wir für unmöglich hielten.

Vom Opfer zum Schöpfer, all diese Anteile spiegelt diese Gruppe in uns wider.

Jedoch, wenn wir etwas erkennen oder geschafft haben und glauben, wir wissen jetzt, wie die Welt funktioniert, egal in welchem Bereich, neigen wir dazu, dass wir die Menschheit belehren müssen.

Da kommt immer noch unser Ego zum Vorschein, denn wir schlüpfen in die Rolle des Belehrers. Manchmal glaubt dieser Teil in uns, dass er anderen überlegen wäre.

Es weiterzugeben ist wichtig, jedoch sollten wir die anderen entscheiden lassen, was sie damit machen und ob sie es überhaupt wissen möchten.

Auch wenn man sich schon viel in diesem Teil bewegt, die anderen Teile sind und bleiben immer erhalten! Wie viel Aufmerksamkeit und Macht wir ihnen geben, liegt jedoch an uns.
„Ganz-sein" bedeutet alles anerkennen was da ist!

DIE HEARTWORKER

Diese Teile können wir spüren wenn wir etwas tun, das vollkommen in der bedingungslosen Liebe ist und keine Erwartungen enthält. Vollkommen losgelassen von Anerkennung und Lohn! Aus reinem Herzen.

Wenn wir etwas für Menschen tun, die nichts zurückgeben können. Das auch niemand sieht und man keinem erzählt, um zu zeigen wie gut man ist. Das können oft ganz kleine Gesten sein. Man hebt jemanden etwas auf, das er gerade verloren hat. Man hält die Tür auf, oder verschenkt einfach nur ein Lächeln, das von Herzen kommt.

 Man nimmt sich für jemanden Zeit, auch wenn man selbst gerade keine Lust dazu hat.
Man tut etwas, wovon man selbst keinen Nutzen hat. Nicht als Aufopferung sondern als Nächstenliebe.

Vollkommene Zurückstellung des Egos! Der wohl schwierigste Teil in uns, doch auch dieser Teil ist in jeden von uns enthalten.

DIE SCHLAFMITTEL

Hier sind natürlich keine Schlaftabletten gemeint, sondern alle Mittel die uns „müde" machen, uns die Energie entziehen, uns nicht gut tun oder uns sogar schaden.

Niemand ist verantwortlich für das, was wir selbst zu uns nehmen. Wir selbst sind es, die entscheiden.

Wir haben Möglichkeiten uns zu informieren, nachzufragen, hinterfragen, auf unseren Körper zu hören. Was tut mir gut, was nicht?

Wo habe ich Süchte und warum lasse ich diese nicht? Wonach suche ich wirklich?

Warum nehme ich Dinge zu mir, die mir schaden?

DIE FREQUENZEN

Mit welchen Frequenzen umgebe ich mich?

Umgebe ich mich mit Menschen, die mir gut tun oder mit Menschen, die meine Energie niedrig halten. Bin ich ständig am Handy oder lebe ich auch in der realen Welt?

Bin ich in der Natur und lade mich auf oder sitze ich zu Hause und höre mir Nachrichten an?

Welche Filme sehe ich mir an? Mord und Totschlag oder aufmunternde schöne Filme?

All das entscheiden wir auch wieder selbst!

Aber auch, wo „belabern" wir andere und erzählen
Dinge, die sie vielleicht gar nicht hören wollen?

Wann gehen wir anderen auf die Nerven?
Auch wir können manchmal ganz schön nervig sein ;)

DIE VEREINIGUNG

Die Vereinigung die alles verhindert, was uns gut
tut und uns helfen würde.

Tja, was spiegelt diese?

Unsere inneren Saboteure, unsere negativen
Gedanken, die uns daran hindern, ein Leben
in Wohlstand und Fülle zu leben.
Wir müssen nur das Gute durchlassen, die Grenzen
aufheben und Positives passieren lassen.

DAS GEGENMITTEL

Warum lassen wir Dinge mit uns machen, die uns nicht
gut tun?

Warum fällt es uns so schwer, „nein" zu sagen?

Wo übernehmen wir keine Eigenverantwortung?
Sind zu bequem, um uns zu informieren oder
haben nur einseitige Informationen. Aber auch
einfach aufzustehen und „Stopp!" zu sagen, ist
manchmal notwendig.

Wo lassen wir uns die ganze Zeit „verarschen"? (für blöd verkaufen)

Blindes Vertrauen, Fremdenergien, aussaugen lassen, falsches Vertrauen, usw.
All diese Spiegelungen fallen in diesen Bereich.

DER KLEINE PRINZ CORONA

Auch Corona ist in jeden von uns enthalten. Nicht die Krankheit selbst, sondern das Wesen aus dem Märchen.
Wie oft glauben wir, unserer Lebensaufgabe nicht gewachsen zu sein, oder wir leben etwas, das uns nicht entspricht.

Wir wollen Großes in die Welt tragen, schaffen es aber nicht und müssen zusehen, wie andere Menschen das schaffen, was wir gerne hätten.

Wir alle sind transformierbar und in Wirklichkeit geht es nicht um Corona, sondern um uns.

Wir sind an der Reihe, Großes zu vollbringen. Wir sind die Hauptdarsteller unseres Lebens!

Tun wir also, für was wir geschaffen wurden, brechen wir aus unserem Gefängnis aus! Kommen wir aus unserem Schneckenhaus und begegnen Menschen. Halten wir keine Distanz, sondern begegnen wir uns auf Herzensebene, sind für einander da und erwachen wir endlich zum Leben!

DIE TRANSFORMATION

Was sind wir selbst dafür bereit zu tun?

Sind wir bereit aufzustehen?

Sind wir bereit unsere wahre Bestimmung zu leben?

Hören wir die Stimme der Seele?

Sind wir bereit, uns neu auszurichten?

Haben wir uns selbst erkannt und sind für die Transformation bereit?

Deshalb lasst uns alle gemeinsam, für unseren Planeten etwas Gutes tun, senden wir so viel Liebe aus, wie wir nur können und Liebe hat keine Grenzen!!

LILITH

Lilith steht für das Göttliche in uns, es ist jederzeit präsent und hilft uns, in unsere Lebensaufgabe zu kommen! Manchmal spricht sie als innere Stimme zu uns, doch wir hören noch viel zu wenig auf unsere Intuition.

Lilith hilft uns, in unsere Kraft zu kommen, unsere wahre Identität zu erkennen und zu leben.

ERGÄNZUNGEN

Diese Spiegelungen sind lediglich Anregungen. Ob manche Anregungen für dich besser in diese oder eine andere Gruppe passen, darfst du selbst frei wählen. Auch Ergänzungen gibt es noch zahlreiche. Wichtig ist auch, dass du dich selbst oder andere nicht in diese Gruppen einordnest. Denn alle Teile sind in uns vorhanden!! Erkenne nicht andere darin, sondern dich selbst!

ERKENNTNIS

Wenn wir unsere Außenwelt in uns entdeckt haben, wissen wir jetzt was wir tun können.

Wir schreiben unsere eigene Geschichte!

Was wollen wir wirklich, wohin möchten wir, was wollen wir leben?

Wir können Negatives transformieren!
Wir können nicht alle Umstände ändern, aber wir können unsere Einstellung dazu verändern!
Wir können uns neu ausrichten, wenn uns das „Alte" nicht gefällt! Was wollen wir stattdessen?

ERSCHAFFE DEINE NEUE WELT IM GEISTE, NIMM DEINE GEFÜHLE DAZU UND LEBE BEREITS IN DIESER WELT, DAMIT DIE WELT IM AUSSEN SICH VERÄNDERT!

Nicht jeder wird verstehen, was ich mit meinen Zeilen mitteilen möchte aber das macht nichts! Wenn ich nur einen einzigen Menschen damit zum Leben erwecke, dann ist es einer mehr, als zuvor <3

NOCH EINE ANMERKUNG

Dieses Märchen kann jeden Tag neu geschrieben werden und auch die Situationen und Darsteller ändern sich täglich. Vielleicht gibt es in deiner Geschichte keine Farmerzier und Pilitoker, dafür aber Schwiegerziller und Chefitoker.

SIEH DIR DEINE AUßENWELT AN UND ERKENNE DARIN DEINE INNENWELT!

Nicht immer wird dir gefallen, was du sehen wirst, aber du hast die Macht in dir, es zu ändern!

Transformationen finden in uns statt, dafür müssen wir allerdings den ersten Schritt setzen.

HILF DIR SELBST, DEN REST MACHT LILITH ;)

Ich wünsche dir, eine erkenntnisvolle Zeit des Rückzugs und der Innenschau und eine kraftvolle, energiereiche, aber vor allem herzöffnende Zeit nach der Transformation;)

Auch ich werde bis dahin noch ein paar Gruppen in mir transformieren ;)

ABSCHLUSS

All diese Regeln, sollten wir bereits im Kindergarten lernen, damit wir uns als *Verwachsene* nicht damit abmühen müssen. Ihr wisst ja, alles was wir als Kind erlernen, behalten wir lange Zeit in uns, manchmal eine Ewigkeit!

Deshalb fasse ich das Gelernte noch einmal kurz und bündig zusammen und überreiche dir den Kindergartenabschluss ;)

Vollkommen sind wir auf diese Erde gekommen und so verlassen wir sie auch wieder!

Wir haben ein Menschlein bekommen, mit dem wir spielen dürfen!

Und dafür gibt es Regeln!

Kennen wir die Regeln, macht das Spielen Spaß! Kennen wir sie nicht, macht das Spielen den anderen Spaß!

Lilith Ami

In diesem Sinne:

SEI KREATIV, FORME UND GESTALTE DIE WELT, SO WIE SIE DIR GEFÄLLT, ES IST DEINE WELT.

Bleibe in deiner Kraft und sei stets mit Liebe gesegnet!

Viel Freude und Spaß dabei!

...... und schöne Ferien!

Wenn dir mein Buch gefallen hat, freue ich mich, wenn du es deinen Freunden empfiehlst oder weiterreichst. Wenn nicht, darfst du es gerne für dich behalten;)

Über eine positive Rezension würde ich mich sehr freuen.

Solltest du Fragen haben, sende mir gerne eine Nachricht.

Lilithami44@gmail.com

DANKSAGUNG!

Ich bedanke mich bei jedem, der diese Zeilen liest aber vor allem, bei allen Menschen, die ein Teil meiner Welt geworden sind. Bei meinen Liebsten für ihre Liebe, die sie mir täglich entgegen bringen, meinen Darstellern der Freude und der Herzlichkeit. Aber auch bei meinen Lehrern, den guten und den scheinbar „schlechten", beide haben mich die Gesetze der Innenwelt verstehen lassen.
Auch wenn ich immer noch fleißig übe ;)

Mein größter Dank aber geht an Lilith und Corona, ohne sie, wären diese Zeilen nicht entstanden.

Was mir noch *im* Herzen liegt!

Egal wie eure Welt da draußen gerade aussieht, vergesst nicht Liebe in das Feld zu senden;)